AF433550

HUELE A
MIERDA

FUI YO QUIEN
SE TIRO EL PEDO

DIARREA
LIQUIDA

RATA
INMUNDA

VERGA
CHINGADA

CARA DE
NALGA

LAS
BOLAS

¿Podrías por favor
dejar una reseña
sobre cómo ha sido
tu experiencia con
este libro en
la plataforma
donde lo adquiriste?
Muchas gracias.

ESTE ES EL ÚNICO PUNTO DE SERIEDAD EN ESTE LIBRO

SI ESTÁS PADECIENDO DE ANSIEDAD, ATAQUES DE PÁNICO Y/O INSOMNIO; TE QUIERO RECOMENDAR UNOS RECURSOS ELABORADOS POR UN EXPERTO EN LA MATERIA Y QUE SON TOTALMENTE GRATIS.

VAS A RECIBIR UN AUDIO PARA AYUDARTE A REDUCIR LA ANSIEDAD EN SOLO 20 MINUTOS.

Y UN VIDEO PARA AYUDARTE A RELAJARTE A LA HORA DE IRTE A DORMIR. ASÍ COMO OTRAS HERRAMIENTAS PARA AYUDARTE A SUPERAR EL ESTRÉS Y LA ANSIEDAD.

VISITA:

www.alcanzatussuenos.com/ansiedad

PARA TU COMODIDAD, SOLO ESCANEA EL CÓDIGO QUE ESTA DEBAJO CON TU TELÉFONO INTELIGENTE (TAL Y COMO SI FUERAS A TOMARLE UNA FOTO USANDO TU CÁMARA), Y AUTOMÁTICAMENTE TE MOSTRARÁ LA PAGINA PARA QUE INGRESES TU CORREO ELECTRÓNICO Y LOS RECIBAS.

PERRA
MALPARIDA

CABEZA
DE VERGA

CARA
DE CULO

PEDAZO
DE MIERDA

TU REPUTA
MADRE

CHÚPAMELA

NO SEAS
PENDEJO

VETE A LA
VERGA

JODETE

VETE AL COÑO
DE LA MADRE

CHOCHO

TETAS

VETE A LA
MIERDA

VERGA

VETE A
CAGAR

A MIS
COJONES

MARICÓN
DE PLAYA

SOPLAPOLLAS

ANDA A
CAGAR

NOJODA

CORNUDO

COMEMIERDA

HIJO DE
MIL PUTAS

CAGARSE

GANAS
DE MEAR

LA PUTA
QUE TE PARIÓ

JALABOLA

JODER

MALPARIDO

HIJO DE
PUTA

QUE CAGADA

POYA

HIJO DE LA
CHINGADA

¿Podrías por favor
dejar una reseña
sobre cómo ha sido
tu experiencia con
este libro en
la plataforma
donde lo adquiriste?
Muchas gracias.